AF596359

BIBLIOTHÈQUE DES ÉCOLES ET DES FAMILLES

Pour les Petits

JULIE BORIUS

Monsieur le Baron

M. LE BARON.

PRIX : 0,

Librairie HACHETTE & Cie, à Paris

79, Boulevard Saint-Germain

« JE VOUDRAIS QUE VOUS FUSSIEZ MA GRANDE SŒUR »

Monsieur le Baron

COMMENT IL DEVINT BARON. — IL PERD UN AMI.

La famille de Courtille était divisée en deux branches. La branche aînée possédait, outre le titre de baron, un château dont les tours crénelées se miraient dans la Loire. Elle se composait d'un seul membre, qui était célibataire. Un de ses amis lui avait, en mourant, confié sa petite fille, et il concentrait toute son affection sur cette enfant dont il était parrain. Il était bon, très paternel et adoré de sa filleule.

Le représentant de la branche cadette était un enfant de douze ans qui s'appelait René ; il était orphelin et était élevé à Saint-Brieuc par sa grand'mère maternelle. Elle le gâtait; mais il n'abusait pas trop de sa faiblesse, et malgré les flatteries qu'elle ne lui ménageait pas, il serait resté bon enfant, si, trop prématurément pour son caractère, les événements n'avaient fait de lui un baron. Son oncle fut enlevé en quelques jours. Par ses dispositions testamentaires, il avait assuré à la petite Monique, sa filleule, une fortune indépendante, mais il avait laissé à René le château et les terres héréditaires de la famille. La dernière clause de son testament recommandait sa filleule à Mme Gerson, la grand'mère de René. L'orgueil troubla complètement les idées de Mme Gerson, et elle exalta à un tel point l'amour-propre de René, qu'il se crut investi d'une auréole visible à tous les yeux ; il pensa qu'on lui devait des hommages, qu'il avait dépouillé le vieil homme, c'est-à-dire l'enfant, le René d'hier, et que pour tous maintenant il était : Monsieur le baron.

La nouvelle avait eu beau, par les soins de Mme Gerson, voler de bouche en bouche, elle n'avait pas fait, paraît-il, le tour de tout Saint-Brieuc, car elle n'était pas arrivée aux oreilles de Henri Dubusc, un des camarades de René ; aussi vint-il tout bonnement, un jeudi matin, voir son ami. A son arrivée, il trouva à René un air tout drôle, et il fut plus étonné encore quand il le vit lui tendre la main, en lui disant : « Bonjour, Dubusc, » au lieu de lui dire : « Bonjour, Henri, » comme d'habitude.

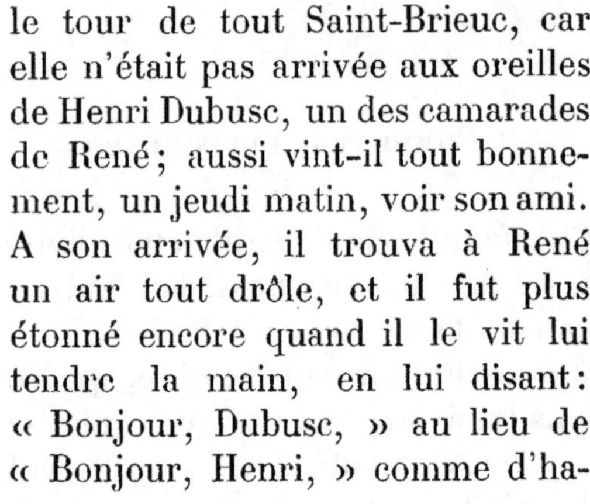
M. LE BARON

Il ouvrit des yeux tout ronds, et dit :

« Qu'est-ce que tu as ?

— Comment, tu ne sais pas ? répondit René d'un air protecteur. Mon oncle est mort, et je suis baron !

— Oh ! si j'avais su que tu avais perdu un oncle, je serais venu te voir plus tôt, s'écria Henri qui était très sensible. As-tu eu beaucoup de chagrin ?

— Je ne le connaissais pas, répondit René embarrassé de la tournure qu'Henri donnait à la conversation. Tu comprends que quand on ne connaît pas les gens, on ne peut pas les pleurer comme si on les aimait beaucoup.

— Oui, oui, je comprends cela ; mais je ne comprends pas pourquoi tu ne m'appelles plus Henri.

— Mais parce que je suis devenu sérieux.

— Tu es devenu sérieux parce que tu as perdu un oncle ? » continua Henri, qui n'y était plus du tout.

René le mit au courant de sa situation et lui définit, à son point de vue, ce que c'est qu'un baron. Dubusc l'écoutait sans l'interrompre ; mais quand René dit : « Je vais aller habiter mon château, » il s'écria :

« Tu vas partir ?

— Il le faut bien. Oh ! je te regretterai beaucoup. »

Deux grosses larmes roulèrent dans les yeux bleus de Dubusc ; mais, René ne semblant pas les voir, il les contint. Il prit congé de René et, en lui serrant la main, à son : « Au revoir, Dubusc, » il répondit, avec une pointe de malice un peu triste : « Adieu, monsieur le baron ! »

Il sembla à René qu'il venait de perdre un ami.

Mme Gerson prit en considération le désir du baron de Courtille, et il fut convenu que Monique ne quitterait pas le château ; mais elle fit bien entendre à René qu'il serait le maître, que Monique ne compterait pour rien ; aussi, quand, par un après-midi de janvier, une voiture déposa devant le château Mme Gerson et René, si René pensait à Monique, ce n'était pas comme à une amie qu'il allait avoir à aimer, mais bien comme à une petite maîtresse de maison dont il allait prendre la place....

Mme Gerson et René gravissaient les degrés du monumental escalier quand, la porte du vestibule s'ouvrant, une fillette accourut au-devant d'eux. Elle était en grand deuil, ce qui faisait ressortir davantage son visage délicat. Elle descendit rapidement les quelques marches qui la séparaient de René, et au lieu de prendre la main qu'il lui tendait, elle l'embrassa, en sanglotant :

« Doucement ! dit René surpris.

— Ah ! il était si bon, il m'aimait tant ! »

Et elle quitta René pour tendre à Mme Gerson sa joue satinée, en ce moment tout humide de larmes.

« Il faut être raisonnable, mon enfant, lui dit Mme Gerson en lui tapotant la joue du bout de ses doigts maigres. Du reste, Monsieur le baron vous en donnera l'exemple.

« AU REVOIR, DUBUSC! »

— Monsieur le baron! répéta Monique en se retournant vers René, qui crut bon de répondre :

— Oui, je suis baron!

— Laissez-nous donc passer, dit Mme Gerson; vous nous retenez sur ce perron, et on y gèle! »

S'il faisait froid sur le perron, il faisait bien chaud dans la salle à manger où deux heures plus tard Monique était assise à table, entre Mme Gerson et René; et pourtant les mains de Monique étaient froides, et son cœur se glaçait.

« Vous pouvez vous retirer, lui dit Mme Gerson en se levant de table le dîner terminé.

— Bonsoir, madame ! » répondit Monique, qui ne s'aventura pas cette fois à lui offrir son front.

Et, froissée de l'air altier de René, elle s'éloigna sans

MONIQUE ÉTAIT ASSISE ENTRE Mme GERSON ET RENÉ

le regarder ; mais à la porte elle se retourna et, d'une voix calme, lui jeta cette phrase qui résonna sous les hauts lambris de l'immense salle : « Bonsoir, monsieur le baron ! »

Le journal de Monique.

16 janvier.

« Ils sont arrivés hier, et depuis ce matin la vieille dame parcourt les appartements et se fait ouvrir toutes les armoires par l'intendant qui la précède, un gros trousseau de clefs à la main. Mais ce que fait la vieille dame m'est égal. Le petit garçon, non, Monsieur le baron ! Monsieur le baron !... Il faut que je m'accoutume à l'appeler ainsi. Ce ne sera pas difficile comme cela aurait pu l'être s'il avait été gentil ! Mais un petit garçon qui vous regarde du haut de sa grandeur, et vous tend la main d'un air dédaigneux ; oh ! je veux bien l'appeler Monsieur le baron ! Je crois même qu'il ne me viendra jamais à l'idée de l'appeler René !

« Monsieur le baron s'est levé de bonne heure ce matin. De ma fenêtre, je l'ai vu se promener d'un air grave dans le jardin. Il paraît qu'il est allé dans le chenil voir les chiens, et qu'il a tout de suite voulu se faire suivre par Low, le lévrier préféré de mon parrain ; mais Low, qui depuis la mort de son maître est très triste et refuse de quitter le chenil, n'a pas bronché quand, d'une voix impérieuse, Monsieur le baron l'a appelé. Alors Monsieur le baron, qui n'est pas très patient, s'est mis en colère et a ordonné de cravacher Low, pour le forcer à se lever. Le bon chien n'a pas bougé, ce que voyant, Monsieur le baron s'est éloigné ; mais un affreux roquet qui, trouvant la porte du chenil ouverte, en avait profité pour sortir, s'est mis à japper autour de lui et l'a poursuivi jusqu'au château, en aboyant sur ses talons.

« Monsieur le baron, vous n'empêcherez pas les roquets d'aboyer ! Vous ne forcerez pas les braves chiens comme Low à vous suivre ! »

19 janvier.

« Comme ma vie est différente de ce qu'elle était auparavant ! Il me semble qu'autour de moi tout est changé. C'est le même château, mais je n'ose plus le parcourir, dans la crainte d'apercevoir Mme Gerson.

« C'est la même salle à manger, mais que les repas me semblent interminables ! C'est le même parc, mais j'y descends à peine, pour ne pas m'y trouver avec Monsieur le baron, qui est plus arrogant que jamais. Je le fuyais déjà, mais je vais le fuir doublement maintenant, car nous avons eu hier une discussion.

« Je revenais du village, et pour raccourcir ma route, j'avais pris un chemin de traverse. Ce chemin aboutit à un gué, qui, par les pluies, a été tellement grossi qu'on ne peut le franchir qu'en passant sur des pierres, jetées de loin en loin à cet effet. Je sautai sur la première pierre.

UN AFFREUX ROQUET POURSUIVIT MONSIEUR LE BARON

« Ah ! cette fois je « vous tiens, s'écria der« rière moi la voix de « Monsieur le baron. »

« Il ne me tenait pas du tout. Pour le lui prouver, je sautai sur une pierre qui se trouvait au milieu du gué.

« Qu'avez-vous à me dire ? lui demandai-je.

« — Que vous êtes insupportable de toujours me fuir. « Pourquoi ne voulez-vous pas jouer avec moi ? »

« Il y aurait eu bien des manières de me demander à jouer, mais il voulait m'y contraindre, et j'ai refusé !

« Mais, je le veux ! s'est-il écrié, et je suis le maître !

« — Oh ! pas le mien, toujours. »

« Il était très vexé ; mais comme il m'a vue décidée à ne pas lui céder, il m'a crié :

« Allez-vous-en ! Laissez le passage libre. »

« Je me suis tranquillement croisé les bras :

« Je passerai quand cela me fera plaisir, » lui ai-je dit d'un ton tranquille.

« Vous êtes une méchante ! Passez vite, voyons ; j'ai « autre chose à faire qu'à attendre votre bon plaisir !

« — Oui; vous avez à apprendre à devenir baron. »

« Il est devenu rouge, il frappait du pied, il me criait que j'étais malhonnête. Je le laissai dire et quand j'en eus assez, je continuai ma route. Lorsque je fus de l'autre côté du gué, je me retournai, et je vis qu'il prenait maladroitement un bain de pied. Depuis, nous sommes très mal ensemble. »

25 janvier.

« Auparavant, l'arrivée du courrier était une joie pour moi. Mon parrain recevait toujours une quantité de lettres de pauvres gens qui demandaient des secours. Il me chargeait de leur répondre, et la réponse était toujours favorable.

« Maintenant on dépose toujours le courrier dans le cabinet de mon parrain, mais je n'y entre plus ; cependant, ce matin, on m'y a fait appeler. Monsieur le baron était assis dans le grand fauteuil; il avait devant lui un monceau de lettres décachetées. Sa grand'mère, les lunettes sur le bout du nez, lui disait :

« Voyons, René, écris ; il faut répondre à ces lettres.

« — Cela m'ennuie. »

« Je m'approchai.

« Monique, me dit Mme Gerson, je vous ai fait appeler « pour vous remettre cette lettre qui est à votre adresse. « Vous pouvez l'ouvrir ici. »

« J'aurais bien mieux aimé l'ouvrir dans ma chambre ; mais Mme Gerson me regardait avec ses yeux sévères, et je lui obéis. Elle était de Pierre Rahel, un pauvre bûcheron à qui mon parrain permettait de prendre sur la coupe de bois sa provision d'hiver. Il avait écrit au nouveau baron pour obtenir le même bénéfice ; mais, n'ayant pas de réponse, il s'adressait à moi et me priait d'intercéder

« TOUTES LES ROSES SONT TOMBÉES A TERRE »

en sa faveur. J'ai donné sa lettre à lire à Mme Gerson, et j'ai plaidé sa cause, en disant que c'était un brave homme que mon parrain estimait beaucoup.

« Il n'est plus question de votre parrain, m'a dit sèchement

« Mme Gerson, et nous ne pouvons accepter les charges qu'il « prenait. Dites cela à Pierre Rahel si vous lui répondez. »

« Je n'ai pas osé insister ; mais j'avais le cœur tout gros, en pensant aux changements survenus dans le pays parce que dans le grand fauteuil de cuir que j'avais sous les yeux, au lieu de mon parrain, était assis un petit garçon.

« Je le regardai probablement d'un air tout drôle, car il m'a demandé de son ton boudeur :

« Qu'avez-vous à me regarder ainsi ? »

« Je lui ai répondu :

« Rien... j'apprends et je me rappelle. »

« Oh oui! je me rappelle la bonté, la compassion de mon parrain. J'apprenais ce que c'est d'être méchant, dur pour les pauvres, et je plaignais Monsieur le baron. »

3 février.

« Je le déteste, oui, je le déteste de plus en plus. Jusqu'à présent il avait été avec moi capricieux et autoritaire, mais pas méchant, et ce matin je l'ai trouvé très dur.

« Voilà ce qui s'est passé : Il y a aujourd'hui un mois que mon parrain est mort, et je voulais porter des fleurs sur sa tombe. Je suis donc allée dans la serre, et j'avais déjà cueilli un joli bouquet de roses, quand une voix a crié derrière moi :

« Je ne vous ai pas permis de prendre mes fleurs ! »

« C'était Monsieur le baron qui venait d'entrer.

« J'ai balbutié :

« Je croyais que je pouvais..., il les aimait tant ! »

« Mais il m'a interrompue, en criant :

« Ces fleurs sont à moi ; n'y touchez pas. »

« J'ai lâché mon bouquet, et toutes les roses sont tombées à terre. L'une d'elles s'est effeuillée, et un pétale est resté dans les replis de ma robe ; mais j'ai secoué ma pauvre petite robe noire, afin de ne rien emporter de cette serre, rien du tout, et je suis allée chercher quelques fleurs dans les haies sauvages. Mais la patience m'échappe. Que Mme Gerson admire son petit-fils, c'est très bien ; mais je voudrais qu'il sût que tout le monde n'est pas de l'avis de sa grand'mère. Comment faire pour le lui faire comprendre ? Ah, c'est cela !... Je vais laisser mon journal dans la salle d'étude. Il est curieux. Il le lira, c'est certain ; il sera de plus en plus mécontent contre moi, c'est sûr, mais je n'y perdrai rien, et décidément je veux qu'il sache tout ce que je pense de lui.

« MONIQUE. »

RENÉ.

Depuis qu'il était riche, depuis qu'il possédait un château, depuis qu'il était baron, René s'ennuyait ; dans un de ses jours de désœuvrement il découvrit le journal de Monique, et il s'en empara pour le lire ; mais craignant d'être surpris, — car il ne savait pas qu'en le laissant à sa portée la fillette avait eu justement le dessein de le lui faire connaître, — il l'emporta pour le lire dehors. Ce fut dans un coin retiré du parc, loin de tous les regards, qu'il commença sa lecture. Elle l'étonna d'abord, et finalement le fit réfléchir. Il relut le tout deux fois....

Alors, s'il s'y était pris autrement on aurait pu l'aimer ! Monique, qui avait vécu avec un vrai baron, puisqu'elle avait été élevée par son oncle, n'avait peut-être pas tort dans ses appréciations.

Il est assis sur le gazon ; il semble profondément absorbé par des méditations sérieuses, et il ne s'aperçoit même pas que la neige commence à tomber....

Sa grand'mère inquiète a envoyé des domestiques à sa

recherche. Il entend leurs appels, mais avant d'y répondre, comme il ne veut pas que Monique devine qu'il a lu son journal, il court le remettre où il l'a trouvé, mais il avait eu froid pendant sa longue séance dans le parc ; il fut pris d'une grosse fièvre, et dans son délire il appelait Monique, Pierre Bahel, Dubusc....

RENÉ COMMENÇA SA LECTURE

Les médecins laissent peu d'espoir ; mais sa grand'mère ne peut croire qu'elle le perdra, et, penchée nuit et jour sur son lit, elle attend qu'il la reconnaisse. Son attente ne fut pas vaine. Un matin, une lueur de connaissance brilla dans les yeux de l'enfant ; il regarda partout, et d'une voix faible, faible :

« Oh! j'ai rêvé, dit-il ; mais je me réveille, et je ne suis plus baron. Grand'mère, je ne veux plus être baron ! »

Elle se demande s'il ne rêve pas encore.

C'est qu'elle n'a pas su ce qui s'était passé. Elle ignore que les réflexions de Monique ont germé dans cette petite tête si aimée.

« Grand'mère, nous donnerons du bois à Pierre Bahel?

— Oui, mon chéri, tu es le maître. Tu feras tout ce que tu voudras.

— Grand'mère, je veux qu'on porte au cimetière toutes les fleurs de la serre. »

« Grand'mère, écris à Mme Dubusc, pour lui demander de venir avec Henri passer ici les vacances. »

La grand'mère ne se refusait à rien.

« Grand'mère, je voudrais voir Monique. »

Il était presque bien; mais il était si pâle que Monique eut de la peine à le reconnaître. Ce qui le transformait, c'était peut-être le bon petit sourire qui éclairait sa physionomie. Elle n'osa pas donner à cet enfant malade le titre de baron, qu'elle ne lui avait jamais concédé qu'avec ironie ; elle lui dit simplement :

« Vous êtes guéri ?

— Oui, Monique, je suis guéri ; et je voulais vous demander si cela ne vous ennuierait pas trop de venir me voir de temps en temps pour me distraire ?

— Cela ne m'ennuiera pas du tout, s'écria-t-elle vivement.

— Oh ! mais j'avais peur,... je craignais,... car j'ai été méchant pour vous ; pour Low aussi ; mais je ne le suis plus. Et puis, vous savez, Monique, je ne suis plus baron. C'était trop fatigant. »

Il dit cela d'un air si bas et en même temps si comique, que Monique eut à la fois envie de rire et de pleurer. Elle fut touchée de cette sorte de confession enfantine et le devina transformé, sans toutefois en soupçonner la cause ; alors elle se pencha vers lui et l'embrassa.

« Si ; vous êtes baron, lui dit-elle ; rien ne vous empêchera de l'être. Ce qui vous fatiguait, c'était l'orgueil ; votre maladie l'a emporté. »

Il fut sur le point de lui dire que ce n'était pas sa maladie qui avait emporté son orgueil, mais qu'il était resté entre les feuillets du journal qu'il avait lu en secret. Il ne l'osa pas, craignant de la peiner en lui montrant qu'il connaissait son opinion sur lui, au moment où elle venait de lui dire que cette opinion était changée.

Il la prit par le cou et l'attira vers lui :

« Monique, j'ai autre chose à vous dire. Je voudrais que vous fussiez ma grande sœur. Mais, pour cela, il faudrait m'appeler René. Le voulez-vous ? »

Ce que Monique fit de son journal.

Depuis le commencement de la maladie de René, la neige n'a pas cessé de tomber. Une épaisse couche blanche couvre la terre. Monique se fraye un passage sur cette couche blanche ; elle tient d'une main une petite pioche, de l'autre son journal.

MONIQUE ALLA ENTERRER SON JOURNAL.

Elle ignorera toujours que René en a eu connaissance : elle craint qu'il ne le découvre, aussi s'est-elle décidée à aller le cacher sous la terre. Elle creuse d'abord la neige, puis la terre, elle enfouit son journal, et enfin le recouvre. Les petites feuilles dorment, protégées aujourd'hui par la neige ; bientôt un autre tapis blanc les couvrira, car cette prairie sera émaillée de marguerites. — A l'abri de la neige ou des fleurs, pendant l'hiver ou au printemps, dormez, petits feuillets, il ne faut pas que René sache... puisque son cœur s'est réveillé.

8486-00. — Corbeil. Imprimerie Éd. Crété.

www.ingramcontent.com/pod-product-compliance
Lightning Source LLC
LaVergne TN
LVHW052041160826
845678LV00003B/1475

9782329631189